Vanessa Walder

Ballettgeschichten

Illustriert von Anette Bley

www.leseloewen.de

ISBN 978-3-7855-7034-0
1. Auflage 2014
© 2014 Loewe Verlag GmbH, Bindlach
Umschlagillustration: Anette Bley
Reihenlogo: nach einem Entwurf
von Angelika Stubner
Printed in Italy

www.loewe-verlag.de

Inhalt

Die Fledermäuse

Aufregung in der Ballettschule!
Heute kommt eine Neue
zu den *Tanzmäusen*.
So nennt die Lehrerin
ihre Mädchen im Anfängerkurs.
Die neue Schülerin
muss sehr, sehr gut sein.
Die Lehrerin hat gesagt,
dass Alisa die Schritte
sogar blind beherrscht!

In vier Tagen gibt es
ein Vortanzen für alle Mäuse.
Wer am besten tanzt,
bekommt eine kleine Rolle
in *La Esmeralda*.
Das ist ein Ballettstück,
das die älteren Schüler aufführen.
Jede will die Rolle haben!

Und ausgerechnet jetzt
taucht die Neue auf,
die so toll tanzen kann!
Gerade kommt sie in den Saal
und tritt Meike dabei
auf den Fuß.
„Aua! Bist du blind?", ruft Meike.
Da lächelt Alisa freundlich
und sagt nur: „Ja."

„Das habe ich euch doch erzählt",
seufzt die Lehrerin.
Sie führt Alisa an die Stange,
an der sich das Mädchen festhält.
Alle können es sehen:
Alisa tanzt wirklich ganz toll.
Doch sie braucht die Stange,
sonst läuft sie gegen
andere Tänzer oder Stühle.

12

„Sie hat keine Chance
beim Vortanzen", sagt Ida
nach der Stunde in der Garderobe.
Die Mädchen stimmen ihr zu.
„Das ist ungerecht", meint Maria.
„Sie ist die Beste von uns."
In der nächsten Stunde zählen sie.
Sie zählen die Schritte
von der Wand bis zu den Stühlen
und von der Stange zum Spiegel.

„So weißt du beim Tanzen genau,
wo du bist und wie viel Platz
du hast", erklärt Clara.
Alisa wischt sich die Tränen ab.
„Danke", seufzt sie glücklich.
Dann findet das Vortanzen statt.
Die Lehrerin wartet schon.

„Es tut mir so leid", sagt sie,

„aber wir müssen umziehen.

Im großen Saal ist gestern

das Dach kaputtgegangen.

Wir tanzen im kleineren."

Alisa fängt fast an zu weinen.

„Ich kenne mich dort nicht aus!",

flüstert sie verzweifelt.

Die anderen tuscheln.

Sie haben eine Idee.

Als die zwölf Tanzmäuse

in den kleinen Saal schweben

und vor der Jury knicksen,

tragen alle Augenbinden.

„Was ist denn mit euch los?",

fragt ein Jurymitglied.

16

„Wir sind die Fledermäuse",
sagt Maria.
„Die können nichts sehen
und fliegen trotzdem toll."
Die blinden Fledermäuse
tanzen alle wunderschön.
Doch am schönsten tanzt Alisa.

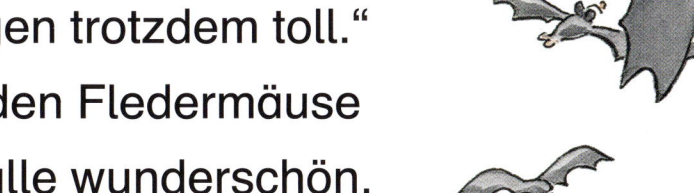

In Omas Schuhen

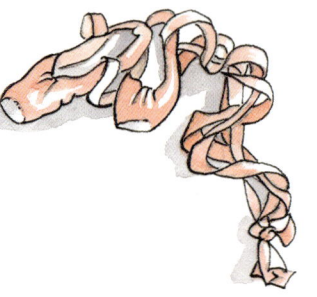

In zwei Wochen hat Oma Geburtstag.

Sie wird schon 60!

Ella will ihr etwas schenken,

aber es muss etwas Besonderes sein.

Sie will ein Fotoalbum basteln.

Mama hilft ihr,

nach alten Fotos zu suchen.

Die sind in Kisten und
Kartons verpackt.
Auf allen hat Oma langes Haar.
Einmal reitet sie einen Elefanten.
Ein andermal ein Kamel.
Das schönste Foto ist gerahmt:
Darauf ist Oma so alt wie Ella
und tanzt Ballett.

19

Neben dem Rahmen liegen
Omas alte Ballettschuhe.
„Ich weiß ein besseres Geschenk
als das Album",
sagt Ella glücklich.
„Ich lerne Ballett und tanze
auf Omas Geburtstag!"
Ella spielt schon Fußball.
„Ballett wird ganz bestimmt
nicht schwerer sein", denkt sie.

Nach der ersten Stunde weiß Ella,
dass sie sich getäuscht hat.
Ballett ist sehr, sehr schwer.
Immer ruft die Lehrerin:
„Schultern zurück, Ella!"
„Gleichgewicht halten, Ella!"
„Arme hoch und Füße nach außen!"
Ella kann Ballett nicht leiden.

Trotzdem übt sie fleißig weiter.
Schließlich will sie Oma
eine Freude machen.
Endlich ist es so weit:
Ella zieht Omas alte Schuhe an
und tanzt vor den Gästen.
Sie schwitzt und zittert,
aber für ihre Oma tut Ella alles.

Am Ende ist ihr ganz schwindlig
und sie fällt beinahe hin.
Die Leute klatschen trotzdem.
Oma bedankt sich bei Ella,
doch die ist enttäuscht.
„Fast wäre ich hingefallen.
Das wäre dir bestimmt
nie passiert", murmelt sie.

Oma lacht laut und sagt:

„Ich habe nur kurz Ballett getanzt.

Aber das hat mir nicht gefallen.

Ich wollte lieber Fußball spielen.

Üben wir Elfmeterschießen?"

Da fühlt sich Ella,

als hätte sie auch Geburtstag.

Der kleinste Schwan

Esra weiß alles
über das Ballett *Schwanensee*.
Die Musik hat ein Russe geschrieben,
der Tschaikowsky hieß.
Die Geschichte ist wunderschön:
Ein Prinz sucht eine Braut.
An einem See trifft er Odette,
eine verzauberte Prinzessin.
Sie verlieben sich und
am Ende sind alle glücklich.

Alle – nur Esra nicht.

In der Ballettschule soll nämlich

Schwanensee aufgeführt werden.

Esra tanzt noch nicht lange

und findet sich selbst nicht gut.

Viel zu ungeschickt ist sie.

Trotzdem soll sie mitmachen.

In der Mitte der Aufführung

tanzen vier kleine Schwäne.

Und Esra soll einer davon sein.

Die anderen Tänzerinnen
sind älter und besser als Esra.
Die Mädchen sollen sich
an den Händen halten.
Immer mit der linken Hand
die rechte Hand einer anderen.
Und dann beginnt der Tanz.
Doch Esra stolpert ständig.
Sie fühlt sich nicht wie ein Schwan.
Sie fühlt sich wie eine Ente.

In einer Pause läuft sie

weinend nach draußen.

Auf einer Brücke bleibt sie stehen

und blickt ins Wasser.

Ein Pärchen rudert

in einem Boot vorbei.

Als es nahe am Ufer ist,

schwimmt ein Schwan zu ihnen.

Die Frau wirft ihm Brot zu.
Der Schwan erhebt sich
und schlägt mit den Flügeln.
Dann streckt er den langen Hals
und frisst elegant das Brot.
„Er ist so vornehm", denkt Esra.
„Und dabei gibt er sich
überhaupt keine Mühe.

Der Schwan denkt nur an das Brot."
Danach denkt Esra beim Tanzen
nicht mehr an ihre Füße.
Sie denkt nicht an die Schritte.
Auch nicht an die anderen Tänzer.
Sie denkt nur an den Schwan.
Und dabei tanzt sie großartig!

Der Schlaf-Walzer

Leo tanzt seit drei Jahren
im Kinderballett.
Er ist der beste Tänzer dort.
Deshalb bekommt er
zu Weihnachten ein Geschenk:
Leo darf mit seiner Lehrerin
ein echtes Ballett
im Opernhaus ansehen.

Der Nussknacker

In *Der Nussknacker*
tanzen auch Kinder mit.
Es geht um das Mädchen Mascha,
das einen Nussknacker
geschenkt bekommt,
der nachts lebendig wird.
Leo beobachtet die Ballerina,
die Mascha spielt.
Sie ist kaum älter als er,
aber sie tanzt wunderbar.

„So gut werde ich nie!",
seufzt Leo traurig.

„Doch", sagt seine Lehrerin.

„Wenn du fleißig weiterübst."

Aber Leo glaubt ihr nicht.

So gut wie das Mädchen
wird er nie sein.

Als das Ballett vorbei ist,
bekommt die Ballerina Blumen.

Und Leo klatscht ganz laut.

Doch zu Hause ist er traurig.
Vielleicht sollte er aufhören,
Ballett zu tanzen.
Andere in seinem Alter sind
viel, viel besser als er.
Er drückt seinen Teddybären
und schläft schließlich ein.
Doch bald zwickt ihn jemand
ins linke Ohr.

34

Leo reißt die Augen auf.

Sein Teddybär steht vor ihm.

„Steh auf, Leo!", ruft er.

„Wir müssen tanzen üben!"

Als Leo aus dem Bett klettert,

warten seine anderen Spielsachen:

die Lego-Männer, der Cowboy,

der Dinosaurier, der Wackeldackel,

der Hubschrauber und die Autos.

Sie alle tanzen mit Leo
unter dem Weihnachtsbaum.
Da geht plötzlich das Licht an.
„Leo!", ruft Leos Vater.
„Was machst du denn hier?
Es ist Mitternacht!"

„Ich glaube, er schlafwandelt",
sagt Leos Mutter verschlafen.
Leo grinst sie an.
„Ich bin nicht gewandelt,
ich habe getanzt.
Das war ein Schlaf-Walzer."

Dornen und Röschen

Lisa und Anna sind Freundinnen,
obwohl sie ganz verschieden sind.
Doch beide wollen Ballett tanzen.
Ihre Lehrerin übt mit ihnen
das Stück *Dornröschen*.
Sie möchte, dass Lisa
Prinzessin Aurora spielt
und Anna die böse Fee Carabosse.

Lisa freut sich sehr,

doch Anna fängt an zu weinen.

„Warum bekommt Lisa

die Hauptrolle?",

beklagt sie sich.

Das trifft Lisa wie ein Schlag.

„Du kannst Aurora sein!", sagt sie.

„Ich will nicht, dass du mir

die Rolle schenkst!",

heult Anna weiter.

„Ich bin genauso gut wie du.“

Drei Tage lang spricht Anna

nicht mehr mit Lisa.

Lisa fasst einen Plan:

Sie wird dafür sorgen,

dass Anna die Rolle bekommt.

In der nächsten Stunde tut Lisa so,

als wäre sie umgeknickt.

Die Lehrerin will den Arzt rufen.

Da bekommt Lisa Angst
und steht wieder auf.
Als Lisa mit Paul tanzen muss,
der den Prinzen spielt,
tritt sie ihm auf den Fuß.
Er schreit laut auf.
Dann dreht sich Lisa im Kreis
und trifft Paul mit der Hand
im Gesicht.

„Mit der tanz ich nicht mehr!",
brüllt Paul.
„Die ist ja gefährlich!"
Jetzt mischt sich die Lehrerin ein.
„Es tut mir leid, Lisa", sagt sie.
„Aber vielleicht wäre doch
eine andere Rolle besser für dich?"
Lisa tut so, als wäre sie traurig.
Dabei freut sie sich sehr,
als Anna die Rolle bekommt.

Nach der Stunde sagt Anna:

„Tut mir leid, dass du die Rolle
verloren hast."

„Schon gut", sagt Lisa.

„Ich war echt blöd zu dir",
meint Anna kleinlaut.

Arm in Arm gehen sie nach Hause.

Doch in der nächsten Stunde
muss Anna mit Paul tanzen.

43

„Dann kommt der Kuss",
erklärt die Lehrerin.

„Der was?", brüllt Anna.

„Na, der Prinz muss doch
das Dornröschen küssen",
erklärt die Lehrerin verwundert.

Anna sieht Lisa bitterböse an.

„Das hast du ganz genau gewusst.
Darum wolltest du die Rolle nicht!"

Lisa seufzt.

Anna hat mehr Dornen als Röschen.

Der härteste Sport

Jedes Mal, wenn Ben Karate hat,

zeigt er danach die blauen Flecken.

„Das ist echt der härteste Sport

auf der ganzen Welt",

sagt er dann zu seiner Schwester.

Klara sagt meistens nichts.

Dabei tanzt sie Ballett

und ihr tun immer die Füße weh.

Heute aber platzt ihr der Kragen:
„Beim Karate steht man
auf weichen Matten.
Beim Ballett tanzen wir
auf dem harten Boden."
„Kannst du Ziegelsteine zerschlagen
wie mein Lehrer?", fragt Ben.
„Meine Lehrerin kann stundenlang
auf einem einzigen Zeh stehen",
gibt Klara an.

„Warum tauscht ihr nicht mal?",
fragt Mama vom Fahrersitz aus.
„Übermorgen bringe ich Ben
zum Ballett und Klara zum Karate."
„Okay", sagt Klara sofort.
„Nee!", ruft Ben.
„Dann muss ich auch
so einen Badeanzug anziehen."
„Hast du Angst?", fragt Klara.
„Niemals!", ruft Ben.

Zwei Tage später steht Klara

auf einer Matte Isabella gegenüber,

die halb so groß ist wie sie.

Das Mädchen packt Klara

am Kragen und wirft sie um.

Dann schmeißt sie sich auf Klara

und hält sie auf der Matte fest.

Ben würde gerne mit ihr tauschen!

Die Ballettlehrerin ruft immer:
„Position eins" oder „Bras",
„Attitude" oder „Relevé".
Ben versteht kein Wort.
Die anderen Jungs und Mädchen
machen dann etwas Geheimes
mit ihren Armen und Beinen.
Bens Beine tun schrecklich weh.

Er hat einen Krampf und
nach der Pause kann er kaum gehen.
Als die Stunde vorbei ist,
humpelt Ben auf den Parkplatz.
Klara sitzt schon im Auto.
Sie zieht ihren Ärmel hoch
und zeigt Ben fünf blaue Flecken:
alle von Isabellas Fingern.

„Das war bestimmt Isabella",
vermutet Ben richtig.
„Die ist echt superhart drauf",
gibt Klara zu.
Ben grinst seine Schwester an.
„Die kommt wohl vom Ballett.
Das ist echt der härteste Sport!"

Glücklich tanzen

Auf dem Weg zur Schule
geht Sarah jeden Tag
an einem Ballettstudio vorbei.
Immer sieht sie durch das Fenster
den Tänzern zu.
Heute steht ein Mädchen
vor dem Ballettstudio.

„Dich kenne ich doch", sagt es.

„Du guckst uns immer zu."

Sarah nickt verlegen.

„Warum tanzt du nicht selbst?"

„Das können wir uns nicht leisten",
murmelt Sarah.

„Ich konnte auch nicht bezahlen",
sagt das ältere Mädchen.

„Aber Frau Behrens hat mich
umsonst unterrichtet."

Sarah reißt die Augen auf.

„Warum hat sie das gemacht?"

Das Mädchen grinst.

„Weil ich ihr gesagt habe,

dass Ballett mein Leben ist.

Geh nur rein zu ihr!"

Sarah nimmt ihren Mut zusammen.

Sie läuft durch die Säle,

bis sie Frau Behrens findet.

54

„Ich möchte Ballett lernen",
sagt sie schüchtern.
„Aber ich habe überhaupt kein Geld."
Frau Behrens lacht.
„Das ist aber schade,
denn ich verdiene mein Geld damit,
dass ich Ballett unterrichte."
Sarah nickt und will gehen.

„Warum willst du Ballett lernen?",
fragt Frau Behrens.
Sarah überlegt.
Was soll sie der Frau sagen?
Dass die Musik sie ansteckt?
Dass sie in ihren Körper fährt
und ihn ganz von selbst bewegt?
Sie findet keine Worte.

„Man kann nicht darüber malen,
warum man singen möchte",
platzt Sarah heraus.
„Ich kann nicht darüber reden,
warum ich tanzen will."
Die Lehrerin lacht.
„Aber ich kann nicht
jeden umsonst unterrichten."
Plötzlich erklingt nebenan
wunderschöne Klaviermusik.

Da fühlt Sarah es wieder:
Wie die Musik ihren Körper
klaut und ihn bewegt.
Sie beginnt zu tanzen.
Erst als die Musik endet,
kann auch Sarah aufhören.
Ganz benommen bleibt sie
vor Frau Behrens stehen.
Die Lehrerin klatscht.

Dann sagt sie:
„Wir sollten über
deine Ballettstunden reden!"
„Ich kann gar nicht sagen,
wie glücklich ich bin!",
ruft Sarah.
„Vielleicht möchtest du tanzen,
wie glücklich du bist?",
fragt die Lehrerin.
„Dann ist das deine erste Stunde."

Vanessa Walder wurde 1978 in Heidelberg geboren und wuchs in Wien auf. Sie war neunzehn, als erste Kurzgeschichten von ihr veröffentlicht wurden. Nach einigen Semestern hängte sie ihr Jurastudium an den Nagel, wurde erst mal Journalistin und machte sich 2001 als Schriftstellerin selbstständig. Seitdem veröffentlichte sie – vor allem im Loewe Verlag – zahlreiche Kinder- und Jugendbücher, die bereits in neunzehn Sprachen übersetzt wurden. Wenn Vanessa Walder nicht unterwegs auf Lesereise ist, lebt und arbeitet sie in Niederösterreich.

Anette Bley wurde 1967 bei Tübingen geboren. Nach dem Abitur studierte sie Grafik und Malerei in Mannheim, in den USA und an der Akademie der Bildenden Künste in München. Seit 1990 arbeitet sie als Autorin und Illustratorin von Kinder- und Jugendbüchern.